Eb 46 208

CAUSES SECRÈTES

DU

MOUVEMENT DE L'EUROPE

EN 1815.

CAUSES SECRÈTES

DU

MOUVEMENT DE L'EUROPE

EN 1815.

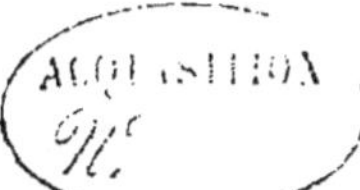

Metus.

TABLE DES CHAPITRES.

A PARIS,

CHEZ LES MARCHANDS DE NOUVEAUTES.

4 MAI 1815.

CAUSES SECRÈTES

DU

MOUVEMENT DE L'EUROPE

EN 1815.

CHAPITRE PREMIER.

J'ai peur.

J'AI PEUR que des hommes qui s'inquiètent de tout lorsqu'ils croient que les choses les regardent, qui ne s'inquiètent de rien, quand cela intéresse les autres, aient peur de cet écrit sans l'avoir lu, et ne l'arrêtent pour se dispenser d'y répondre, ou d'en profiter, témoin ce qui est arrivé au *Censeur* de courageuse mémoire. Si cela n'est ni le plus juste, ni le plus utile, cela est du moins le plus commode.

J'ai peur que certains conseillers de l'empereur Napoléon, qui ont encore plus de peur que d'esprit, quoiqu'ils en aient beaucoup, ne lui aient fait faire et ne lui fassent commettre encore de grandes fautes, et qu'en voulant lui faire franchir l'abîme, ils ne l'y précipitent; dans le premier cas, ils triompheront avec lui, dans le second, ils se feront un mérite de sa chute: bien calculé.

J'ai peur que le courage du héros célèbre par sa savante retraite du mont *Mars*, vulgairement appelé *Montmartre*; que les idées libérales de l'auteur de la loi des otages qui remplace aujourd'hui *Thémis*, et qui a proclamé le grand principe: « *L'Empereur est la loi vivante* »; que la noble franchise de cet orateur sénatorial qui a eu le courage de dire cent fois en face à l'empereur Napoléon, les vérités les plus douces et les plus fortes, qu'enfin les exploits du général ministre qui a fait plus de prisonniers comme ministre que comme général, ne soient pour la nation française une garantie douteuse des intentions libérales de Napoléon pour la liberté et la prospérité du peuple français.

J'ai peur que les 12 ou 15 constitutions que l'on nous présente n'en vaillent pas une bonne. Je crains que l'on n'y voie que des représentans sans garantie pour la liberté de leurs opinions et de leurs votes, avec un président au choix indirect du monarque par la faculté qu'il a de refuser ceux qui ne lui conviendront pas; un pouvoir législatif concentré dans la personne du prince par l'initiative des lois qui lui est réservée; des corps électoraux dirigés et influencés par lui; la conscription avec tous ses agrémens; des ministres sans responsabilité par le droit attribué à la couronne de leur faire grâce; des tribunaux dans la main du Gouvernement par l'incertitude où les juges seront de leur sort jusqu'en janvier 1816, ce qui peut expliquer la continuation du système des confiscations; le droit tacitement réservé au prince de comman_ der les armées en France et *par tout l'univers*; droit peu rassurant pour le repos et la liberté des Français; enfin j'ai peur que l'on ne voie dans les constitutions qu'un moyen adroit de priver la nation du droit incontestable qu'elle a de choisir son chef, lorsque l'Empereur, qu'elle avait en mars 1814, a abdiqué et a quitté la France, et lorsque le Roi qui régnait en mars 1815, n'est plus sur le territoire français.

J'ai peur que des colléges électoraux qui n'existent plus, puisque les constitutions et la charte qui les établissaient, ne sont plus en vigueur, soient considérés comme sans droit, pour nommer des représentans, et que, par conséquent, l'édifice que l'on élève en ce moment ne s'écroule, faute de base.

J'ai peur que, parmi les conseillers de Napoléon, il ne s'en trouve pas un seul qui lui tienne ce langage. « Assemblez le peuple français, et « dites-lui ces belles paroles de Philippe-Au- « guste : *Adjugez la couronne à celui que vous* « *en croyez le plus digne !* »

J'ai bien d'autres peurs encore, et pourrais dire avec ce comédien, qui, jouant le rôle de Joad dans Athalie, s'écriait :

« Je crains *tout*, cher Abner, et n'ai pas d'autres craintes! ».

CHAPITRE II.

Tu as peur.

Tu as peur, conseiller Lorrain, qui te hâtes de vendre tes châteaux et tes fermes, tandis que tu prêches la confiance et que tu affectes dans tes discours et tes écrits une fausse assurance.

Tu as peur, magistrat qui, chargé de veiller à la sûreté des citoyens, les force sans droit, à s'éloigner de leur domicile en mai 1815, comme aux beaux jours de l'arbitraire et du despotisme.

Tu as peur encore, lorsque le chef de l'état, proclamant la liberté de la presse, tu contrains les journalistes à publier tes articles, et leur défends d'écrire d'après leur conscience, *pour ceux qui en ont du moins.*

Tu as peur, écrivain royaliste, qui te proclamais le champion des trônes, et qui n'as osé défendre ton roi ni avec ton épée dans les jours de danger, ni même avec ta plume lorsque la lutte polémique s'est engagée.

Tu as peur, écrivain jadis patriote, qui, d'abord nain, puis géant, te transformes aujourd'hui en *pygmée*, à l'imitation des diables de *Milton*. Laisse une vaine modestie et proclame-toi le *grand-maître* des ordres de *l'Eteignoir* et de *la Girouette* dont tu es le fondateur : l'opinion publique te décerne cette juste récompense de tes travaux depuis le 25 mars.

CHAPITRE III.

Il a peur.

Il a peur.

CHAPITRE IV.

Nous avons peur.

Nous avons peur que l'orage effroyable qui se conjure, n'éclate bientôt et ne fasse couler par torrents le sang des Français et celui de tous les Européens.

Nous avons peur, si les armées étrangères l'emportent, de voir la France accablée sous le poids de *douze cent mille* libérateurs.

Nous avons peur, si les Bourbons reviennent, qu'ils ne se croient intéressés à prolonger dans notre patrie le séjour des soldats étrangers.

Nous avons peur que les Bourbons, entourés par les *Blacas* et autres hommes aux idées du 15e siècle, n'abusant de la position où ils se trouveraient alors, ne cherchent à se ressaisir du pouvoir de 1788 et à nous ramener à des institutions devenues caduques, incompatibles avec les mœurs et les lumières de la génération présente , et qui entraîneraient de nouvelles révolutions et de nouveaux malheurs.

Nous avons peur , d'un autre côté , que si Napoléon triomphe et se maintient, il ne fasse une seconde fois la faute de ne pas savoir s'arrêter , et surtout de ne pas respecter les libertés des nations.

Nous avons peur que, devant tout à l'armée, Napoléon ne se rappelle pas assez, qu'elle n'est qu'une fraction du peuple ; que n'ayant plus de dotations à lui donner au-dehors , il ne soit obligé pour l'en indemniser de prendre des mesures contraires à l'intérêt public et particulier ainsi qu'à la justice.

Nous avons peur de redevenir conquérans au-dehors, et esclaves au-dedans.

Nous avons peur de perdre notre marine, nos colonies, notre commerce et notre prospérité , par une guerre même heureuse.

Nous avons peur de devenir un peuple isolé au milieu de l'univers.

Nous avons peur , qu'un petit nombre d'hommes qui depuis dix ans se partagent toutes les places , hommes à talens d'ailleurs en partie, mais égoïstes et par conséquent flatteurs , ne continuent d'entourer le chef de l'état, et ne substituent la noblesse de la faveur, à la noblesse de la naissance.

Nous avons peur, qu'il n'en soit des Constitutions de 1815 comme de celle de l'an VIII et de toutes celles qu'elle a enfantées dont le gouvernement se servait contre les citoyens, et que les citoyens ne pouvaient invoquer pour leur défense.

Nous avons peur de voir exterminer le reste de nos enfans par un système de guerre perpétuelle; de voir les prisons d'état se peupler de nouveau, les exils se multiplier, la pensée comprimée, et les fonctions publiques ou l'état militaire, devenir les seules professions honorées et utiles, ainsi que cela existait dans les années qui ont précédé 1814; nous craignons que, comme alors, l'arbitraire ne renaisse partout, et le bonheur nulle part.

Nous avons peur enfin de ne pas trouver dans le monarque que la Providence nous destine, le génie de Napoléon uni à la libéralité d'Alexandre le Czar, et à la bonté de Louis XVIII.

CHAPITRE V.

Vous avez peur.

Vous avez peur, Caméléons, qui, tour à tour, flatteurs de Napoléon, et courtisans de Louis XVIII, les servant et les trahissant tous deux, avez successivement baisé la main de l'un et le c... de l'autre ; vous le savez, les lauriers mêmes ne peuvent vous préserver du mépris ; mais si la France a ses... elle a aussi ses Macdonald , ses Oudinot, et une foule de guerriers illustres dont elle s'honore, qui sont restés constamment fidèles à l'honneur.

Vous avez peur, négocians hardis, commerçans actifs, fabricans industrieux , qui comptiez sur la paix du monde pour le succès de vos utiles entreprises. Peut-être cette paix ne sera-t-elle pas troublée, ou renaîtra-t-elle bientôt !

Vous avez peur, cultivateurs respectables, qui, sans vous mêler des débats politiques , en avez supporté les fléaux et en redoutez justement le retour. Espérez, espérez toujours! Le ciel veille sur la terre.

Vous avez peur, mères, épouses, amantes; le glaive de mars est suspendu sur la tête de vos fils, de vos époux, de vos amans. Prosternées au pied des autels, vous priez l'Eternel de détourner d'eux le coup fatal. Puisse-t-il exaucer vos vœux et sauver les objets de vos affections et la patrie des malheurs qui les menacent!

Vous avez peur, acquéreurs de biens nationaux, amis de la liberté, votans, et vous aussi, royalistes et émigrés, vous avez peur; rassurez-vous; l'opinion publique vous défendra, quel que soit le résultat des événemens. La France veut le repos. Et quel Français ne pourrait être inquiété s'il fallait rechercher la conduite et les opinions politiques de chacun après vingt-six ans de révolutions!

CHAPITRE VI ET DERNIER.

Ils ont peur.

Ils ont peur tous ces souverains conjurés et réunis contre Napoléon seul.

Ils ont peur tous ces peuples qui, à l'apparition de Napoléon sur le territoire français, s'arment depuis Lisbonne jusqu'aux confins de la Chine.

Ils ont peur de lui, il a peur d'eux, et j'ai peur de tous.

FIN.